VOYAGE

DE

METZ A CONTREXÉVILLE,

VILLAGE DANS LES VOSGES,

Où l'on boit une eau efficace pour plusieurs maladies.

PAR UN OFFICIER SUPÉRIEUR EN RETRAITE.

METZ,

IMPRIMERIE DE PIERRET.

1829.

AVERTISSEMENT QU'IL FAUT LIRE.

Le premier but que je me suis proposé dans cette pièce de vers, est de recommander aux personnes atteintes de la goutte et de la gravelle, l'eau de Contrexéville, dont j'ai particulièrement à me louer, puisqu'elle m'a, je crois, guéri de ces deux maladies, qui pendant plusieurs années m'ont si cruellement fait souffrir.

Toutefois j'ai voulu faire la description succincte des villes et de plusieurs villages par lesquels j'ai passé. Mais je m'étends un peu plus sur le lieu de ma destination, ce qui m'a paru indispensable. Or, une fois ce but rempli, il était encore naturel de faire connaître les personnes avec lesquelles je m'y suis le plus souvent rencontré; ce que j'ai fait encore. Cependant j'aurais voulu pouvoir en désigner un plus grand nombre, leur vouant à toutes autant de respect que de sentimens de cordialité. J'aurais également souhaité parler de plusieurs dames que j'ai aussi vues à Contrexéville, accompagnant ou non leurs maris, et dignes de tous nos respects comme de tous nos égards. Mais deux ou trois seulement y sont indiquées : j'ai dû me restreindre ainsi dans l'un comme dans l'autre cas, afin de ne prolonger que le moins possible mon faible travail, qui probablement n'amusera que médiocrement les personnes qui le liront.

VOYAGE

DE METZ A CONTREXÉVILLE,

VILLAGE DANS LES VOSGES,

Où l'on boit une eau efficace pour plusieurs maladies.

ON sait que la reconnaissance
Est assez naturelle en moi ;
Mes Esplanades, je le pense,
En sont deux preuves à la foi..

Mes vers au Cercle littéraire,
Prouvent aussi probablement,
Que mon goût pour ce sentiment
Ne peut manquer d'être sincère.

Les ayant en effet chanté
Au moyen d'un art qui m'amuse,
Le lieu qui remit ma santé,
Doit sur-tout exercer ma muse.

Je vais donc en plusieurs quatrains,
Et rimés peut-être avec peine,
Recommander à nos Messins
Contrexéville et sa fontaine ;

Son eau dont les effets heureux,
Méritent plus de clientelle,
Parmi d'abord tous les goutteux,
Et ceux souffrant de la gravelle.

J'esquisserai de mes crayons,
Sans beaucoup d'art ni d'élégance,
Cet endroit et ses environs,
Où l'on remarque de l'aisance.

Ils peindront aussi quelques traits
De plus d'un noble personnage,
Qui tous les ans vont à longs traits
Boire les eaux de ce rivage.

Mais avant je désire et veux,
Tout en courant en diligence,
De l'un des beaux vallons de France (*),
Désigner les points gracieux.

Puis de Nancy, charmante ville,
L'ornement du pays Lorrain,
Et jusques à Contrexéville,
Je ferai le tableau succinct.

———————

Montigny, ce joli village,
Que protège ou menace un fort,
Est le premier sur mon passage
Que mes yeux observent d'abord.

(*) Celui dans lequel coulent la Meurthe et la Moselle.

Sa grande et superbe avenue,
Ses vergers et ses boulingrins,
Flattent incessamment la vue,
Ainsi que ses nombreux jardins.

Ses maisons toujours sont citées,
Pour leur beauté, pour leur valeur;
Et ses guinguettes fréquentées,
Ont aussi beaucoup de fraîcheur.

Mais le dimanche et jour de fête,
Ces lieux publics y sont remplis,
Non moins que ceux de la Villette,
De Romainville près Paris.

Campagnards, bourgeois, militaires,
Tous sont mêlés et confondus,
En chantant les dieux tutélaires,
Appelés l'Amour et Bachus.

C'est là que vit et sur sa terre,
Dans son manoir commode et beau,
Après plus de trente de guerre,
Mon ancien ami Catelot;

Lui qui fit sur mer la campagne
Du vaillant Bailli de Suffrein,
Celles d'Italie et d'Espagne,
Et les plus belles d'outre Rhin (*).

____

(*) C'est par erreur que le colonel Catelot n'a été désigné que comme sous-intendant dans les vers au Cercle littéraire, car il avait été plus de trente ans militaire avant d'entrer dans l'intendance.

Aujourd'hui septuagénaire,
Mais heureux et plein de santé,
C'est à sa tendre ménagère
Qu'il doit tant de félicité (*).

Puisse le Dieu des destinées,
Qui dispense et règle nos jours,
Leur accorder longues années,
Toutes heureuses dans leur cours.

————

De Montigny ce sont des plaines
Couvertes de riches moissons,
Et que protègent les deux chaînes
De nos côteaux assez féconds.

Combien j'aperçois de villages
Sur ma droite et dans le lointain !....
Recevez d'abord mes hommages,
Jussy, Longeville et Moulin..

Je vois plus loin Sainte-Ruffine,
Qui plaît pour sa fête d'été ;
Lessy dominant la colline,
Également bien habité ;

Vaux aussi, sa douce vallée,
Sa verdure et son joli bois,
Où l'on voit s'amuse parfois
Plus d'une folâtre assemblée.

————

(*) A madame son épouse.

Ars enfin, plus considérable,
Et peuplé d'habitans heureux ;
Également très-remarquable,
Par ses sites délicieux (*).

———

Là c'est le cours de la Moselle,
Aux flots d'azur et transparens,
Et dont toujours l'onde fidèle
Vivifie, embellit nos champs.

Ce qui bientôt frappe ma vue,
C'est ce vieux aqueduc romain,
Qui paraît dans son étendue,
A cheval sur le grand chemin.

Quand je revois ce long portique,
Non encor près de s'écrouler,
Et sa forme et sa grace antique,
Qui vit deux mille ans s'écouler ;

Combien j'admire la constance
De ce peuple à jamais fameux,
Qui régna longtems sur la France,
Aux tems de nos premiers aïeux !

Qui laissa partout sur sa trace,
Tant de marques de sa grandeur,

———

(*) Si je devais citer tous les villages que l'on voit sur cette côte,
si justement renommée pour sa beauté, pour sa richesse, le nombre
en serait presqu'incalculable.

De ses exploits, de son audace,
De ses vertus, de sa splendeur !

———

Jouy ! salut à ta colline !
A tes vingt châteaux gracieux,
Sis sur ta côte qui s'incline
Vers ton fleuve silencieux.

J'ai traversé cet édifice
Qui vit cent générations.....!!! (*)
Je rends également justice
A la beauté de tes maisons.

Je revois celle si prospère,
De l'excellent et vieux garçon,
Que notre Cercle littéraire
Aima toujours avec raison ;

Car là souvent il nous amuse
Par ses mots, ses récits plaisans,
Aussi par ses emportemens
Des plus gais, si je ne m'abuse.

Sorti, je crois, de bon matin,
Dans ce moment il est sans doute
Par monts, par vaux et par chemin,
Pressant le gibier sur sa route :

Car il aime avec passion
Ce charmant, ce noble exercice,

———

(*) L'aqueduc.

A la santé toujours propice,
Pris avec modération.

———

Enfin, je vois la résidence
D'été, le clos et le jardin
Plein de fraîcheur et d'élégance,
Du paisible et bon Girar... ;

Qui, je crois, vit dans cet asyle
Arriver et dès le printems,
Son excellente et tendre fille
Avec ses chers et beaux enfans ;

Enfans qui ne la quittent guère.
Trouvant près d'eux tous ses plaisirs,
Les doux soins d'épouse et de mère
Comblent, dit-on, tous ses désirs.

Pourtant malgré sa modestie,
Et son penchant pour sa maison,
Partout elle serait chérie ;
On en sait plus d'une raison....

De ses bons parens que la ville
Estime, honore comme on sait,
Je ne puis visiter l'asyle,
Et j'en ai beaucoup de regret.

———

Corny non moins recommandable
Que les deux villages cités,

Dans les beaux jours tant agréable,
Se présente à mes yeux flattés.

Son château, puis sa dépendance,
Et ses jardins au loin épars,
Ont cet éclat, cette opulence
Qui d'abord frappent les regards.

On y voit de fraîches cascades,
Des pièces d'eau, de jolis ponts,
Des bosquets et des promenades,
Des berceaux et des pavillons.

De ce lieu le propriétaire,
Resté veuf avec un enfant,
Fut sous l'empire un commissaire
Zélé, capable et prévoyant.

Sa bru qui n'est point encor mère,
Après plus de huit ans d'hymen,
Ce qui ne la contente guère,
Lui fait même un peu de chagrin;

Qui, m'a-t-on dit, souvent en ville,
Voudrait porter le nom du lieu,
Et que c'est sur-tout sa famille
Qui dès longtems forme ce vœu;

De cette belle résidence,
Fait les honneurs pendant l'été,
Avec autant d'aménité,
Que de grace et de prévenance.

Je vois enfin Pont-à-Mousson,
Les clochers de son séminaire,
Qui, je crois, fleurit et prospère
Tout autant que sa garnison.

J'admire sa plaine jolie,
Ses vergers, ses bois, ses jardins,
Et ses côteaux dont les raisins
Font des vins comme ceux de Brie.

J'aperçois au loin les châteaux
De trois preux de l'ancienne armée,
Qu'alors nous vîmes généraux,
Ne manquant pas de renommée (*).

Tels que ces proconsuls romains,
Qui toujours au retour des guerres,
Cultivaient, soignaient de leurs mains
Leurs troupeaux, leurs bois et leurs terres ;

De même ici ces vieux guerriers,
Dans leurs frais et beaux domiciles,
A l'abri de plusieurs lauriers,
Passent des jours doux et tranquilles.

———————

J'entre à présent dans leur cité,
Assez moderne et bien bâtie,

———————————————————————

(*) J'ai supposé découvrir dans les environs de Pont-à-Mousson,
les maisons de campagnes des généraux Bourcier, Jacquinot et Marie,
qui habitent effectivement dans cette large et belle vallée.

Qui me semble encore embellie,
Dont j'aime aussi la propreté.

Son marché, sa place publique,
Occupe et fixe mes regards ;
Sur-tout cet élégant portique
Qui l'entoure de toutes parts ;

Je veux parler de ces arcades
Formant des ceintres réguliers ;
On vente aussi ses promenades,
Son hôtel des carabiniers.

Vers cette enceinte militaire,
Je vois couler et sans efforts,
La limpide et belle rivière,
Qui fertilise ses deux bords.

Son onde errante et fugitive,
Dans son trajet silencieux,
Caresse encor sur l'autre rive,
Un bel enclos religieux ;

Ce beau, ce vaste séminaire,
Où trois cents jeunes gens, je crois,
Sont élevés dans la prière,
Contemplant, adorant la croix.

D'une austère et longue abstinence,
Parfois ils sentent la rigueur,
Celle aussi de la pénitence,
Le tout pour l'amour du Seigneur.

Mais plus d'un , dit-on , se chagrine,
S'afflige en secret et souvent,
De la sévère discipline
Que l'on observe en ce couvent.

J'ai voulu voir le grand calvaire
Érigé par l'abbé Guyon ;
J'ai contemplé son cimetière ,
Non sans un peu d'émotion.

Puis j'ai trouvé très-bien encore
Son seul pont, qu'on m'avait vanté ;
Sa vigne qui s'améliore
Sensiblement...... en quantité.

———

Lorsque l'on part de cette ville (*),
On voyage, on marche longtems,
Dans un vallon frais et fertile
Et rempli d'heureux habitans.

Partout l'aspect de la richesse,
Le beau coup-d'œil des fenaisons,
Si complet, si plein d'allégresse, .
Se voit jusqu'au sommet des monts.

A leurs pieds ce sont des prairies ,
Où paissent de nombreux troupeaux

(*) De Pont-à-Mousson à Nancy, je ne désigne aucun lieu particulièrement, ne connaissant pas assez le pays. Je n'en parlerai donc que succinctement et en général.

De tous les genres d'animaux,
Assez loin de leurs bergeries.

Là ce sont de jeunes coursiers;
Les uns franchissant la carrière,
Les autres sous des peupliers
Cherchant une ombre hospitalière.

Puis se jouant avec les flots,
J'aperçois plus d'une génisse,
Avec leurs mères, leurs taureaux
Se baigner dans l'onde propice.

Des bois et des sites heureux,
Plus d'un grand et charmant village,
Autour de moi, sur mon passage,
De toutes parts frappent mes yeux.

———————

Voici le pont de la Moselle,
Le plus beau du département,
D'une forme et simple et nouvelle,
Qui fait en ce lieu monument.

De ce point, à perdre de vue,
Se déploient deux fleuves rivaux,
Dont l'eau présentement décrue
S'unit aux pieds de trois côteaux.

Leur tableau, celui des collines,
Et ceux de vingt troupeaux épars;
Des châteaux, de vieilles ruines,
Tout en ces lieux plaît aux regards.

En silence on les considère.....,
Et puis l'on pense au cours des ans.....;
A l'existence si précaire,
Hélas ! à la marche du tems !.....(*)

———

Mais je vois la ville prochaine
Et ses frais environs aussi ;
En un mot, je revois Nancy,
L'honneur de l'antique Lorraine.

Salut, cité de Stanislas !
De ce roi qu'adopta la France,
Si chéri dans tous ses états
Pour sa bonté, sa bienfaisance.....!

Qui t'accorda de douces lois,
Aussi plus d'un grand privilège ;
Dont le nom encor te protège,
Te recommande sous nos Rois !

Qui constamment dans la chaumière,
Faisait porter chaque matin,
Pour soulager l'humble misère,
Du bois, de l'argent et du pain !

Lui qui fit sur tes vastes places,
Élever par enchantement,
Plus d'un noble et beau monument,
Où l'on voit régner tant de graces !

———

(*) Qui si souvent abrége notre existence, que la nature a d'ailleurs
rendue si fragile.

Que l'on nous vante avec raison ;
Qu'entous tems l'étranger admire ;
Que je vais chercher à décrire,
En invoquant mon Apollon !

Mais c'est de mon hôtellerie,
Après dîner et vers le soir,
Quand la chaleur sera finie,
Que je désire aller les voir.

———

Combien j'aime tes larges rues !
Leur parfaite uniformité !
Tes grands marchés et leurs issues !
Tes palais pleins de majesté !

Salut, sur-tout place Royale,
D'un goût, d'un ordre si choisis !
Qui, je crois, n'a point de rivale
Dans les vastes murs de Paris !

Quel art encor, quelle noblesse,
Se voient dans ce beau bâtiment
Que la grace à nos yeux caresse,
Appellé le gouvernement !

Ici c'est ton hôtel-de-ville,
Simple autant que majestueux ;
Là ton théâtre dont le style
Est aussi pur que gracieux.

Je touche à ta place Carrière,
Si belle et si pleine d'attraits ;

Dont la forme est si régulière,
Où l'on voit des tilleuls si frais.

Je vais m'asseoir sous leur feuillage,
Pour y respirer un instant,
A l'abri de leur doux ombrage,
Un zéphyr toujours bienfaisant.

Près d'eux je vois ta préfecture,
Hôtel si justement vanté,
Pour sa moderne achitecture,
Dont on admire la beauté.

———

J'entre ici dans ta pépinière,
Grand jardin entouré d'un mur,
Où rarement, soyons sincère,
On jouit d'un air doux et pur.

Sans doute que son ordonnance,
Ses détails sont presque parfaits :
Que ses massifs et ses bosquets
Ont de l'éclat, de l'élégance ;

Que ses prés ont de la fraîcheur,
Que ses arbres fendent les nues,
Et qu'en un mot ses avenues,
Plaisent assez au voyageur.

Mais enfin sa terre humectée,
Basse et peu saine en tous les tems,

Fait qu'elle est très-peu fréquentée
En été tout comme au printems.
 Je quitte donc la solitude
De ce jardin silencieux,
Où pourtant l'on voit d'habitude
Des enfans les aimables jeux.

———

 C'est ici l'humble domicile
Du plus modeste des guerriers,
Non oublié, qui vit tranquille,
Heureux sur-tout dans ses foyers.

 Que l'on honore et considère
Pour sa valeur, pour ses talens :
Dont le noble et beau caractère
Sera cité dans tous les tems.

 Lui dont on sait l'ame si belle,
Le cœur si droit, si généreux ;
Que l'on vit constamment fidèle
A son souverain malheureux.

 Qui sent un peu son homme antique,
Tels que ces romains d'autrefois,
Que vénérait la république,
Pour leurs vertus, pour leurs exploits ;

 Qui déposaient leur cimeterre
Après leurs glorieux travaux,

Mais qu'on voyait fuir le repos,
Dès les premiers signes de guerre (*).

De monsieur F...... de J.....,
Si connu par sa *tolérance*,
J'aperçois la vaste maison,
L'un des beaux évêchés de France;

Qui pourtant ne le fixe pas,
Car d'après ce qu'on dit sans cesse,
Fréquemment il porte ses pas
Vers l'antique et grande Lutèce;

Où ses habitudes chéries,
Sont d'aller, en prélat de cour,
A l'Elysée, aux Tuileries,
Chez les ministres tour–à–tour;

Laissant à son premier vicaire,
Le soin de garder son troupeau,
Qui, dit-on, ne l'occupe guère,
Sur–tout quand il est au château.

Je vois sa métropolitaine,
Vaisseau des plus majestueux,
Où, des anciens Ducs de Lorraine,
Sont les tombeaux silencieux !

––––––––––

Je me rends ensuite au théâtre,
Dont j'ai cité le monument :

––––––––––––––––––––

(*) Le lecteur a sans doute reconnu dans les cinq strophes qui précèdent, le lieutenant-général Drouot.

Son coup-d'œil de l'amphithéâtre,
Est aussi d'un effet charmant.

Enfin, je dis que cette salle,
Est digne en tout de la cité,
Qui, dans la France est sans égale;
Dont l'étranger est enchanté.

Ses acteurs, du moins dans Joconde,
Sont très-bien sous plusieurs rapports,
Et l'orchestre qui les seconde,
Fait sur-tout goûter ses accords.

J'oubliais ces nobles portiques (*)
Élégans, pleins de majesté,
Faits sur des modèles antiques,
De la plus exacte beauté;

L'hôtel de notre infanterie,
Sis aux pieds de ses vieux remparts,
D'une forme en tout accomplie,
Et qui plaît à tous les regards.

———————

Je quitte enfin la résidence
De ces Ducs jadis si fameux,
Par leur nom et par leur puissance,
Et qu'on savait si valeureux.

Nous gagnons à pied la montagne
Que couronne un large plateau,
D'où l'on voit un bassin si beau,
Sa fertile et riche campagne.

———————

(*) Les portes de la ville non moins belles que celles de Paris.

La ville et ses dômes divers,
Son vallon, sa vaste étendue ;
Ses côteaux, de maisons couverts,
Charment d'ici longtems ma vue.

Mais au-delà de ce plateau,
De cette côte ravissante,
Jusques auprès de Neufchâteau,
La scène est un peu différente.

Sans doute que souvent je vois
En courant plus d'une prairie
Non moins féconde que jolie,
Et de nombreux troupeaux parfois ;

Leur berger et leur chien fidèle,
Toutefois très-peu ressemblans
A ceux qui sont dans les romans,
Desquels encor je me rappelle.

Je rencontre aussi des forêts
Dominant de superbes plaines,
Quelques étangs et des guérets,
En un mot de forts beaux domaines.

Mais sont-ce là les cours heureux
De la Meurthe et de la Moselle,
Leurs bassins si délicieux,
Leur fraîcheur en été si belle ?

————

En promenant au loin mes yeux,
Je vois sur nombre de collines,

2 *

Des châteaux dégradés et vieux,
Qui n'offrent plus que des ruines.

Dans ces forts ou dans ces donjons,
Aux portes encor crénelées,
Commandaient, je crois, des barons,
Souvent l'effroi de ces vallées :

Car du tems de nos premiers Rois,
Il existait peu de justice ;
Les seigneurs rédigeaient les lois,
Les appliquaient à leur caprice.

De nos jours que c'est différent !
Des droits communs et tutélaires,
Protègent indistinctement
Et les châteaux et les chaumières.

Oui, le noble et le laboureur,
Leur titre en main ou leur faucille,
Aux yeux d'un Roi législateur
Ne forment tous qu'une famille.

———————

Je découvre au loin Domremy,
Où naquit la jeune bergère
Que Charles vit sous sa bannière
Vaincre dix fois son ennemi ;

Qui délivra par sa vaillance,
La cité du nom d'Orléans,
Alors boulevart de la France,
Qu'assiégeait l'Anglais menaçant.....

De cette héroïne immortelle,
Que reçut un simple berceau,
Je vois s'éloigner le hameau,
Si connu maintenant par elle;

Où l'on admire un monument,
Qui nous rappelle sa mémoire,
Son beau, son noble dévouement
Que vint couronner la victoire.

———

Enfin j'aperçois Neufchâteau,
Assis au milieu d'une plaine,
Qu'entoure un précieux côteau
Abondant en vin de Surène (*).

Ville assez célèbre autrefois,
Petite, il est vrai, mais jolie,
Toujours si propre, bien bâtie,
Que très-volontiers je revois;

Qu'habitait du tems de Voltaire,
Un auteur qui portait son nom,
Dont la muse ou grave ou légère
A joui d'un juste renom (**).

De nos jours à ce qu'on assure,
Elle est encor fort en crédit,
Pour aimer la littérature
Et tout ce qui meuble l'esprit.

———

(*) Il est évident que Surène est ici placée pour la rime.
(**) François de Neufchâteau, de l'Académie française.

Puis les beaux arts, s'il faut en croire
Ce qu'on m'a répété souvent,
Sont aussi sur son territoire
Cultivés très—assidument.

Et ses réunions charmantes,
Pleines d'attraits, d'urbanité,
Ont lieu l'hiver, ont lieu l'été,
Dans vingt demeures élégantes;

Mais sur—tout chez le commandeur (*),
Dont la superbe résidence
Ajoute à beaucoup d'opulence,
Un jardin vraiment enchanteur.

Modelé sur ceux de la Chine,
Et de Byzance et d'Albion,
Dont le plan incliné domine
Un agréable et beau vallon.

Cette maison où tout respire
Les arts, la grace et la beauté,
En effet constamment attire
Tous les heureux de la cité;

Qui rencontrent dans son enceinte,
Dîners exquits, bals et concerts;
Enfin tous les plaisirs divers,
Aussi nobles que sans contrainte.

____

(*) Commandeur de l'ordre de Malte. La personne qui porte ce titre à Neufchâteau, y jouit de beaucoup de considération, et sa maison charmante sous tous les rapports, est sur un ton et d'un agrément peu communs en province.

Dans ces nombreux amusemens,
On y voit vingt jeunes bergères,
Aux tournures vives, légères,
Aux charmes les plus séduisans ;

Que l'on cite encor pour leurs graces,
Pour leur teint et leurs traits chéris ;
Et les jeux, les amours, les ris,
Sont toujours groupés sur leurs traces.

———

Lorsqu'il fera moins chaud ce soir,
Sans trop d'apprêt ni de toilette,
Je m'empresserai d'aller voir
Un ancien preux dans sa retraite,

Le respectable d'Estoquo.. ;
De l'endroit honorable maire,
Que tout le canton à la fois
Chérit, honore et considère ;

Non pour les décorations
Qu'il reçut pour les vingt campagnes
Qu'il fit dans toutes les Espagnes
Et chez dix autres nations ;

Mais bien, s'il faut être sincère,
Pour sa constante aménité,
Pour son savoir, sa loyauté,
Et pour son noble caractère.

Pour sa justice et la douceur
Qu'il met dans sa magistrature,

Pour les qualités de son cœur,
Que l'on dévine à sa figure.....

———

Maintenant que le jour se clos,
Que la chaleur est moins intance,
Que j'ai pris un peu de repos,
Je me rends à sa résidence.....

Je le trouvai se promenant
Dans son jardin, sous sa charmille,
Environné de sa famille,
Qui me fit un accueil charmant (*).

Bientôt après elle me presse,
Du ton le plus affectueux,
Avec instance et politesse,
De rester à souper chez eux.

Néanmoins je les remercie
Devant partir au point du jour;
Mais acceptant pour mon retour,
Leur prière aimable et polie.

Je les quittai bien satisfait
De leur accueil plein d'obligeance,
Et duquel, c'est encore un fait,
Je garderai la souvenance.

———

(*) La famille de M. d'Estoquo.. se compose de M.me son épouse, qni est remplie d'obligeance et d'amabilité, d'un fils unique de douze ou treize ans, qui donne par ses succès dans ses études et par ses heureuses qualités, la plus grande satisfaction à ses parens ; enfin d'une sœur de Madame, que l'on goûte aussi sous tous les rapports.

Je partis donc de grand matin
Pour me rendre à Contrexéville ;
Me dirigeant sur Bugnéville,
Bourg assez beau sur mon chemin.

En effet la simple élégance,
Qui règne en tous ses bâtimens,
Prouve à mon sens l'heureuse aisance
Dont jouissent ses habitans.

Ses troupeaux aussi remarquables
Que son étang, que ses vergers,
Ne sont pas moins recommandables,
Que ses jardins, ses potagers.

Ajoutons que sa bourgeoisie,
(Si c'était son goût toutefois),
Pourrait bien réunir, je crois,
Une société choisie.

On y verrait, m'assure-t-on,
Quinze à vingt jeunes demoiselles,
Sémillantes, vives et belles,
Que l'on cite dans le canton (*).

Douce gaieté les accompagne,
Et fréquemment dans les beaux jours,
Elles vont courir la campagne,
Tout en pensant à leurs amours (**).

____

(*) Ce cas à lieu tous les hivers dans des bals réputés fort beaux dans le pays.

(**) Je m'arrète ordinairement à Bugnéville, pour y saluer la famille de M. Marin, propriétaire des plus considérés du lieu.

Enfin je vois Contrexéville,
Dont l'aspect n'est pas sans attraits,
Son territoire assez fertile,
Ses bois si touffus et si frais.

Son église et son presbytère
Où réside un jeune curé,
Que l'on dit plus ou moins sévère,
Mais n'en est pas moins révéré.

Dans sa facile et douce pente,
Ombragé par des saules verts,
Je vois son ruisseau qui serpente
Entre deux prés de fleurs couverts.

Dans ses agréables prairies,
Que bordent de hauts peupliers,
Souvent dans leurs étroits sentiers,
Je promenai mes rêveries;

Ou j'écoutai le chant joyeux
Et matinal de l'alouette,
Celui de la tendre fauvette,
Plus doux et plus harmonieux.

Dans les plaines environnantes,
Riches de foins et de moissons,
Je vois les familles bélantes,
De veaux, de chèvres, de moutons,

Puis je découvre aussi sans peine,
Au milieu de ce frais tableau,
Les beaux jardins et le château,
Du seigneur de notre fontaine.

C'est un officier retiré,
Qui fit au moins vingt ans la guerre,
Et qui fut trois fois décoré
Pour sa bravoure héréditaire (*).

Nous avons servi tous les deux,
Bien longtems dans une phalange,
Qui, pour plus d'un succès heureux,
Obtint alors quelque louange (**).

Dans ce lieu très-bien en effet ;
Auprès de sa chère compagne,
Qu'une bonté douce accompagne,
Il y semble assez satisfait.

Nous remarquons dans sa demeure,
Dans ses nombreux appartemens,
Se succéder presqu'à toute heure,
Les étrangers les plus marquans.

Un grand nombre, il est vrai, préfère
Habiter sa propriété,
Où l'on trouve excellente chaire,
Des soins et de l'aménité.

———

Il est encor dans le village
Deux logis où l'on est fort bien,
Situés dans le voisinage.
L'un des deux fut d'abord le mien.

(*) Le propriétaire de cette vaste et belle maison est M. de Ligny, capitaine en disponibilité sur la demande qu'il en a faite, dont le père mort officier supérieur, jouissait sous tous les rapports d'une honorable réputation.

(**) Le 14.ᵉ régiment de ligne.

C'est celui du précédent maire,
Homme estimé dans le canton,
Qui de bois, de champs, de maison,
D'un moulin, est propriétaire.

Je sais d'ailleurs depuis quatre ans
Que sa dame et bonne et jolie,
Sans négliger ses beaux enfans,
Tient très-bien son hôtellerie.

Que toujours pour chaque étranger,
On la voit pleine d'obligeance,
D'attention, de prévenance,
Sans presqu'avoir l'air d'y songer.

On sait enfin que sa cuisine,
Qu'elle surveille avec grand soin,
Est toujours abondante et fine ;
Pendant vingt jours j'en fus témoin.

Mais alors en convalescence,
De la goute et d'un mal de rein,
Par régime et par tempérence,
Je quittai la maison Martin.

Charle à son tour aussi présente,
Dans son logis encor cité,
Au voyageur qui le fréquente
Table fort bonne et propreté.

______

Mais moi je vais chez Desvelottes
Honnête et bon fermier du lieu,
Qui veut bien soigner mes carottes,
Et mon modeste pot au feu.

Puis une aimable compagnie
Partage avec nous la maison.
C'est d'abord un bon vieux garçon,
Capitaine au corps du génie (*).

Dans son art on le dit savant :
Nous le jugeons un peu caustique.
Il est narrateur amusant,
Bien que parfois mélancolique.

Deux fois il fut fait chevalier;
Fit la campagne de Russie,
Où longtems il fut prisonnier,
Ce qui causa sa maladie.

Il n'en est presque plus atteint,
Grace aux eaux de notre fontaine,
Qui diminuent aussi la peine
Dont son visage était empreint.

————

Un major de troupe légère,
Et son ami chef d'escadron (**),
Tous les deux bien, pleins de raison,
Habitaient la même chaumière. (***)

Si parfois ils nous racontaient
Leurs travaux guerriers en Espagne,
En Italie, en Allemagne,
Toujours ils nous intéressaient.

———————————

(*) M. Boutino., ingénieur-géographe.
(**) Messieurs Haly et Lefevre.
(***) Chaumière est pris ici pour maison.

Nous y trouvions d'ailleurs encore,
Un agréable et frais jardin,
Un verger, que la jeune Flore,
Semble embellir chaque matin.

Un ruisseau limpide en arrose
Les bords garnis de coudriers :
En passant j'y cueille la rose,
Le fruit vermeil des groseillers.

———————

Le curé de Sainte-Ségolène,
Prêtre aimable et rempli de sens,
Et qu'un mal allégé ramène
Boire nos eaux tous les printems ;

Dont les traits sont pleins de noblesse,
De douceur, d'affabilité,
Et dont j'entends louer sans cesse
Les vertus et la charité ;

Qui s'intéresse à l'industrie,
Aux progrès des arts et métiers,
Dont les cours à notre mairie,
Sont suivis par nos ouvriers ;

Monsieur M.... rempli d'indulgence,
Et pratique conséquemment
L'aimable et douce tolérance,
Prend aussi là son logement.

———————

Emportant avec lui son verre,
Chaque buveur de grand matin,

Dès son lever prend le chemin
De notre source salutaire.

On s'aborde, on se dit bonjour,
Tel que le veut la bienséance,
Puis l'on puise, on boit tour-à-tour ;
Bientôt après on recommence (*).

Et lorsque le tems est serein,
Dans l'intervalle on se promène
Dans un vaste et joli jardin,
L'ornement de notre fontaine.

Le ciel devient-il menaçant ?
Ou plutôt fait-il de la pluie ?
Nous marchons vîte en conversant
Sous une longue galerie.

Or, c'est là que chaque matin,
En assez grande compagnie,
Nous consultons le médecin
Qui traite notre maladie.

Ils sont deux, et l'opinion
Leur accorde avec leur science,
Autant d'art, autant de raison,
Que de sagesse et de prudence.

Dans ce lieu j'ai vu l'an passé
L'excellent colonel Delhene,

(*) L'usage prescrit par messieurs les Médecins est de boire une fois tous les quarts d'heure.

Ce loyal et preux chevalier,
Arrivant de son beau domaine (*);

Où l'attendait un frais jardin ;
Sa chère et bien tendre compagne,
Dont il fit le bonheur soudain
Après sa dernière campagne.

Il en fit vingt, en rapporta
Avec ses brillantes armures,
Deux croix en or qu'il mérita,
Aussi d'honorables blessures ;

Qu'il reçut sous le ciel brûlant
De l'Égypte et de la Syrie,
A l'est, au nord du continent,
Puis en Espagne, en Italie.

Deux ont cicatrisé son fron.,
Ses traits à jamais vénérables,
En dirigeant son bataillon (**)
Dans plusieurs assauts mémorables.

Depuis, atteint de maux affreux,
De douleurs vives et cruelles,
S'il se sent aujourd'hui bien mieux,
Il le doit à nos eaux fidelles.

(*) Ici commence les désignations personnelles dont j'ai parlé dans l'avertissement. Je répète de nouveau éprouver des regrets de n'avoir pu en désigner un plus grand nombre. J'en ai fait connaître les raisons.

(**) Bataillon est ici pour régiment.

Monsieur Laigle l'ordonnateur;
Qui vit aussi ces pyramides
Où se déploya la valeur,
De nos brigades intrépides;

Et qu'il suivit avant, après
Dans la vieille Europe conquise,
Que dans le cours de leurs succès
Nos légions avaient soumise;

————

Aussi le colonel Mathieux,
Qui fit au moins vingt ans la guerre,
Guidant des soldats valeureux
Sur l'un et sur l'autre hémisphère (*);

Et qui se distrait aujourd'hui,
A fabriquer dans ses usines,
Que des maîtres suivent sous lui,
Des scies, des faulx, des mousselines.

Cet autre preux, ce bon Sapel,
Que la savante artillerie
Eut dans le tems pour colonel;
Et l'estimait pour son génie;

Lui que d'abord on juge instruit
Dans les arts et dans les sciences,
Amusant par ses traits d'esprit,
Autant que par ses connaissances;

____

(*) Il fit l'expédition de Saint-Domingue.

Qui fit voler dans cent combats,
Ainsi que dans trente batailles,
Et dans vingt différens climats,
Obus, et boulets, et mitrailles ;

Ses voisins en Franche-Comté,
Deux israélites et frères (*),
Que l'on a vu pendant nos guerres
Pleins de zèle et d'activité ;

Se faisant quelque renommée
En qualité de fournisseurs,
Et que l'on estima d'ailleurs
Longtems dans un vieux corps d'armée ;

———

Un capitaine de vaisseau (**)
Avec qui j'ai fait le voyage,
Qui monte aujourd'hui le Breslau,
De huit cents hommes d'équipage.

Que nous trouvions charmant conteur
Rempli d'esprit, de politesse ;
Qui conduit notre ambassadeur
A présent près de Sa Hautesse ;

Par l'habitude de nos eaux,
Dont ils font un fréquent usage,
Tous ont vu dissiper leurs maux,
Ou peu s'en faut, sur ce rivage.

—————————

(*) Les messieurs Litmann.
(**) M. Maillard de Liscours.

De Neufchâtel pays heureux,
Petite et sage république,
Qui n'a point de charge publique,
De budjet, d'impôt onéreux;

Qui ne connait point de douanes,
De droits d'entrée ou personnels,
De mouvemens et leurs chicanes,
Ni des deniers additionnels;

Où l'on voit comme en Helvétie,
Les emplois du gouvernement,
Du moins la plus grande partie,
Exercés sans appointement;

De cette terre fortunée,
Je vois un noble citoyen (*),
Qui boit avec nous chaque année,
Et nous dit qu'il s'en trouve bien.

On l'a vu de plus d'une pierre
Délivré par notre élément :
Il est d'ailleurs homme charmant
De physique et de caractère.

———

Puis l'excellent monsieur Portau,
Qui trouve tant de jouissance
A pratiquer la bienfaisance,
Est aussi content de notre eau.

____

(*) M. de Sandos Rollin.

2 *

Assez souvent même il la cite,
Sachant son efficacité ;
Et dans les beaux jours de l'été
Tous les ans il lui rend visite.

———

J'y vîs de même l'an passé,
Ce chancelier si respectable,
Et dont l'âge assez avancé
Le rend encor plus vénérable.

Nous citions son urbanité,
Et sa grace et sa politesse,
Son aimable et douce gaieté,
Son visage empreint de noblesse.

Je l'ai vu se féliciter
De notre eau constamment active,
Et promettre de visiter
Tous les printems sa source vive.

Auprès de lui j'ai vu son fils,
L'un aussi de nos Pairs de France,
Dont l'esprit est, à mon avis,
Fort orné : lui plein d'obligeance.

———

Un autre vieillard non moins bien,
Non moins aimé, non moins affable,
Gracieux et toujours aimable,
Dont on aime aussi l'entretien ;

Monsieur de Guéhneu.., je veux dire,
D'un esprit, d'un goût éclairé,
Qu'on a vu du tems de l'empire,
D'honneurs, d'hommages entouré ;

Sa dame, enfin, si bienfaisante,
Dont on cite la charité,
La douceur et l'aménité,
En un mot la bonté touchante ;

Nous les remarquons tous les deux,
Pendant l'été de chaque année,
Après neuf lustres d'hymenée,
Venir ensemble dans ces lieux.

Ils se louent aussi de l'usage
Qu'on y fait de notre élément,
Qui rafraîchit corps et visage,
Et produit un bien évident.

———

Avec cette noble famille
Qui se rend là de son château,
Deux fois j'ai vu leur digne fille,
Madame de Montébel.. ;

Elle dont les graces chéries
Autant que l'exacte beauté,
Eurent tant de célébrité
Naguère au sein des Tuileries.

Dans ces tems cités pour jamais,
Qui vit notre gloire immortelle ;

Cette dame était du palais
Et de la ville le modèle.

Elle n'a plus on le voit bien,
Le vif éclat de la jeunesse;
Mais son visage, son maintien,
Sa grace ont la même noblesse.

Elle a trois fils, grands et bien faits,
Dont déjà l'un est Pair de France :
De leur père ils ont tous les traits,
La beauté, la mâle assurance.

Quel espoir pour un si beau nom,
Pour sa tendresse maternelle,
Que de tels fils, si dignes d'elle,
Par leurs penchans, par leur raison !

Agrandissant leurs connaissances,
Sur les mers, sur les continens
Cultivant les arts, les sciences,
Et leur esprit et leurs talens !

D'une fille également chère,
Dont tout Paris sait la beauté,
La grace et l'amabilité,
Elle est encor l'heureuse mère;

Et voit son gendre, homme charmant,
Jeune encor, bien fait, agréable,
Faire enfin de sa tendre enfant,
Le bonheur à jamais durable.

Quels motifs de félicité,
Sans compter sa fortune immense,
Dont elle fait des charités
A tout instant, dans le silence (*)!

———

Le matin, c'est le messager
Qui vient à nous avec vîtesse,
Dans le dessein de s'alléger
Des missives à notre adresse.

Alors chacun de son côté,
Ouvre celles qu'il a reçues,
Et qui toujours sont parcourues
Dans un tems assez limité.

Ensuite on lit quelques gazettes,
Qui de nos jours sont un besoin ;
Par des réflexions discrètes
On en explique plus d'un point.

On reprend donc la causerie
Qui tient souvent de la gaieté,

———

(*) Les stances concernant madame la duchesse de Montébel.., dont la bienfaisance est si généralement connue, qui ne vient à Contrexéville que pour y être en famille, sur-tout pour y faire compagnie à madame la comtesse sa mère ; ces stances, dit-je, n'étant en quelque sorte qu'un épisode, je vais revenir à présent aux objets qui occupent les buveurs à la fontaine et dans le courant de la journée. Ces détails en seront un peu longs, mais je les crois indispensables pour bien faire connaître l'établissement ; ce qui doit être mon but principal dans ce petit ouvrage.

Et de cette plaisanterie
Qui n'exclut pas l'urbanité.

Si sur Lisbonne et sur la Grèce,
Nous différons dans nos discours,
Le contraire existe toujours
Pour les égards, la politesse.

Les démêlés et les combats
De l'autocrate de Russie,
Avec la Perse et la Turquie,
Entrent aussi dans nos débats.

———————

Nous causons parfois de finances,
De l'impôt qu'on dit onéreux.....
Plus d'un, je crois, d'entre nous pense
Que tout est réglé pour le mieux ;

Et goûte assez peu la franchise
De ce Monsieur de Cormenin,
Dont la voix jamais ne déguise
Un abus quand il est certain.

Qui nous fait voir les sinécures,
Les gros, les triples traitemens,
Qui font à l'état des blessures,
Dont on se plaint depuis longtems ;

Prétend qu'un Maréchal de France,
Qui siégeait au conseil du Roi,
Tous les mois signait par prudence
Sur trois bordereaux à la foi. :

Mais que si sous ce ministère,
Ce vice était assez constant,
Qu'aujourd'hui plus d'un militaire
En signe tout au moins autant. ;

Qu'aussi des princes de l'Église,
Tout en prêchant l'humilité,
Demandent que par piété,
En leur faveur on se cotise.

Ce député nous dit encor,
Que plus d'un chef de la justice,
Tous les mois fait le doux office,
De signer trois bons du Trésor ;

Que le ministre des finances,
En faveur de ses employés,
Prodigue trop les récompenses,
Quand d'ailleurs ils sont bien payés ;

Qu'en outre la diplomatie,
Pour ce qu'elle coûte à l'État,
Dans l'intérêt de la patrie,
N'a point assez de résultat.

Enfin, dans son humenr chagrine,
Qu'il exhale avec liberté,
Il attaque et l'amirauté,
Et les abus de la marine.

Nous frondons un peu son discours,
Auquel plus d'un autre succède ;

Mais n'y trouvant point de remède,
Nous laissons tout aller son cours.

———

Et lorsque sur notre finance,
Chacun a soulagé son cœur;
Bu , sur-tout, avec suffisance,
Il va retrouver son logeur.

Or, arrivés au domicile,
Où nous aimons de retourner,
Nous pensons tous qu'il est utile
De s'occuper du déjeûner.

Chacun de nous , je m'imagine,
S'y met et sans perdre de tems,
Et fait honneur à la cuisine,
Après avoir bu si longtems.

Les uns après dans la campagne
Quelques heures s'en vont courir;
Ceux que la paresse accompagne
Restent chez eux ou vont domir.

D'autres font leur correspondance
Ou jouent dans leurs appartemens ,
Et moi sans art, sans élégance,
Je trace ces vers innocens.

———

Avant dîner près la fontaine,
Qui nous a vu tout le matin,

On retourne et on se promène
Sous les beaux arbres du jardin (*) ;

Où l'on va s'asseoir sous l'ombrage,
De trois tilleuls majestueux,
Dont les fleurs et le beau feuillage,
Flattent l'odorat et les yeux.

Dans ce joli réduit de Flore,
Si touffu, si calme, si frais,
Nous nous entrenons encore
De réformes ou de projets.

L'un nous raconte quelqu'histoire
Qui lui rappelle ses beaux jours ;
Un autre trouve en sa mémoire
Des récits qui plaisent toujours.....

———

Nous étions encor là tranquilles
Assis, et tous à résonner
Sur des points plus ou moins utiles,
Lorsqu'on sonna pour le dîner.....

Il eut lieu comme à l'ordinaire,
C'est-à-dire, avec la gaieté,
Et sur-tout la sobriété
Qui m'est à moi si nécessaire.

———

Sitôt après notre desser.,
Composé de fruits, de laitage,

(*) Vers les deux ou trois heures beaucoup de ces messieurs se réunisseut encore dans le jardin, où l'on cause jusqu'au dîner.

Nous allons jouir du grand air ,
Dans les environs du village.

Voyons nous au loin l'horison
Du soleil ternir la lumière ?
La nuit commencer sa carrière ?
Nous nous rendons tous au salon ;

Pièce fraiche autant que commode ,
Où l'on trouve un ameublement ,
Dont chacun de nous est content ,
Bien qu'il ne soit plus à la mode.

Dix ou douze de nos messieurs
Étaient déjà dans cette enceinte ,
Où l'on est libre et sans contrainte ,
Ce qui plait là tout comme ailleurs.

Deux au moins faisaient tête à tête ,
Et sur un taux très-modéré ,
Le vieux piquet du bon curé ,
Qui le distrait dans sa retraite.

Dans ce salon frais et bien clos ,
Le tric-trac , entre deux lumières ,
Charmait deux constans adversaires ,
Messieurs de Laigle et de Sangos.

Le wisk enfin un peu plus grave ,
Qui veut tant d'application ,
Pour monsieur B...... si suave ,
Fixe aussi mon attention.

Toutefois l'écarté modeste,
Qui là se fait au demi-franc,
Est le seul jeu, je le proteste,
Qui peut m'amuser un instant.

Mais sitôt que sonnent dix heures,
Nous nous séparons à propos,
Pour aller tous dans nos demeures
Chercher un utile repos.